이제 숲은 점등을 시작한다

정영숙 시집

시와
사람

이제 숲은 점등을 시작한다

2025년 10월 5일 인쇄
2025년 10월 10일 발행

지은이 정영숙

펴낸이 강경호 편집장 강나루 디자인 정찬애
펴낸곳 도서출판 시와사람
등록 1994년 6월 10일 제 05-01-0155호
주소 광주시 동구 양림로119번길 21-1(학동)
전화 (062)224-5319 E-mail jcapoet@hanmail.net

ISBN 978-89-5665-790-5 03810

값 12,000원

*잘못된 책은 구입하신 서점에서 바꾸어 드립니다.
*지은이와의 협의로 인지를 붙이지 않습니다.
*이 책은 한국예술인복지재단 예술활동준비지원사업
 일부지원으로 제작되었습니다.

이 도서의 국립중앙도서관 출판예정도서목록(CIP)은
서지정보유통지원시스템 홈페이지(http://seoji.nl.go.kr)와
국가자료종합목록 구축시스템(http://kolis-net.nl.go.kr)에서
이용하실 수 있습니다.

이제 숲은 점등을 시작한다

ⓒ 정영숙, 2025

이 책의 저작권은 저자에게 있습니다.
저작권에 의해 보호를 받는 저작물이므로
출판사와 저자의 허락 없이 무단 전재와 복제를 금합니다.

■ 시인의 말

환갑 즈음 시집을 내는 게 꿈이었다
그렇지만 슬그머니 2집을 내밀고 있다

태평양을 사이에 두고
삼 대륙으로 흩어진 가족의 안부와
우주에서 타진하는 소리를 듣는다
우주와 자연의 소리에 집중하는
시간은 삶의 지표이다

2집이 나오기까지 살펴 주신 분들과
가족의 응원에 감사한 마음 전한다

2025년 9월
정영숙

이제 숲은 점등을 시작한다 / 차례

시인의 말 · 7

제1부 직박구리

16 직박구리
17 봄
18 사월
20 거미
21 숲길에 앉아서
22 목련
23 생존전략
24 까치
25 소리
26 도라지꽃
27 구슬나무
28 심해
29 알비노
30 백로
31 동백

행복이의 여행　32
호접란　34

제2부 여우를 보았다

여우를 보았다　36
민들레 꽃씨　37
가을볕 따끔따끔 살갗을 쏘는데　38
봄비　39
본양에서　40
은 고사리 언덕　42
분꽃　44
더덕을 캐다가　45
4월에　46
방죽　48
가을 풍경　49
꽃비　50
숨　51
맹그로브　52
알맞게 천천히　53

54 　멸치 똥을 따면서
56 　스페이스 푸프 챌린지

제3부 타우랑가

60 　타우랑가
61 　타우랑가
62 　타우랑가
63 　타우랑가
64 　남국의 바다
65 　정글
66 　바람 불어 좋은 날
67 　결혼 했어요
68 　아스가르디아ASGARDIA
70 　폭우
71 　장마철
72 　소낙비는 내리고
73 　갯바람
74 　신시도
75 　흰 섬

함평역에서　76
잠의 비명　77
영산역　78
생선 가게　80
밤의 분자들　81
바람 부는 날　82

제4부 놀이터

놀이터　84
토끼　86
장미와 소년　88
택시는 날아간다　89
아이는 꿈을 꾼다　90
토요일 오후　91
접영蝶泳　92
10월에　93
명자꽃　94
대기점도 홀아비　95
남자는 사랑이다　96

98 노인
99 고요가 찾아올 때
100 보름달 · 1
102 보름달 · 2
103 포도밭
104 눈 오는 날

작품론
105 경건한 응시와 시간의 기록일지 / 강나루

이제 숲은 점등을 시작한다

제1부
직박구리

직박구리

목련이 터지고
직박구리 한 쌍
새하얀 침구에
신방 차렸다
햇볕도 눈부시게
그들을 비추고
하얀 드레스 입은
신부처럼 단아한 모습
발길 멈추고 예식을 본다
봄바람에 축가가 흐르고
셔터 터지는 소리
부케 한 다발 날아간다

봄

죽은 듯 숨을 멈추고
땅속으로 손발 감춰
작은 온기까지 끌어모아
꽃눈 틔워 낸
경이로운 봄이다

개나리 노란 눈물처럼
그렁그렁하더니
시샘하던 바람에 주춤,
입 꾹 다물고
침만 꿀꺽 삼킨다

며칠 사이 가지마다
노랗게 터지는
웃음 참을 수가 없어
밀어내고 끌어내도
어쩔 수 없는 탄성

사월

봄은 느리게 왔다
목련이 촛불 올리고 있을 때
한파가 지나가고
벚꽃이 멍울 부풀릴 때
세찬 바람이 불어와
두터운 패딩을 다시 껴입었다
며칠 온화해져
전국에 벚꽃이 피기 시작해
화사해지나 싶을 때 종일 비가 내려
하나둘 떨어지는
"꽃잎 아까워 어짜쓰까"
마음졸인다
목련이 지고 개나리 노란빛 드문드문
새싹이 두드러지는데
햇살 가득 벚꽃 길 열린 완연한 봄이다
아이들은 꽃 속으로 달려 나가고
꽃길 사이로 빨간 버스도
울렁거리며 통통 지나가고
화사한 봄날을 마냥 붙들 수 없어
철없는 아이처럼

마냥 쿵쾅거리는 꽃밭 사이로
발걸음 옮기고 이 꽃 지고 나면
꼬박 일 년, 어찌 기다릴꼬

거미

먼지가 기어간다
타일 사이에서 올라와
발자국 소리도 없이
한 뼘을 기어가 멈춘다

훅, 불면 날아갈 것 같은 목숨

어미는 어디에 있는지
욕실 구석구석 찾아봐도 알 수 없어,
지켜보고 있을 어미의 심정이 느껴져

숨소리마저 조심스럽게
안전한 곳으로 옮겨 주고

회색의 먼지가 달아나는 속도에
놀랄 만하다
생명이 붙은 그 어떤 것도
함부로 대하지 않아야겠다는,

타일 바닥을 기어가는 티끌 같은 숨소리 하나

숲길에 앉아서

무논에서 들려오는 개구리 합창
별빛 내려앉은 숲속으로 퍼지고
띄엄띄엄 집들이 불 밝히는
숲길 바닥에 앉아
어둠이 감싸는 한기를 느낀다
검은 고양이 스치듯 지나치다
멈춰서 쳐다본다
눈빛은 빛나고 고개는 갸웃
아무런 제스처도 주지 않자
사이를 두고 보고만 있다
이 밤, 산길에 앉아 있는 여인이여
걱정스런 몸짓
돌아서지 못하고 한참
서로의 마음을 읽고 있다
부스스 낙엽을 털고 일어서는 그녀
검은 고양이 길 떠난 후
초록의 물결 잠재우는 숲 고요해지고
하늘은 수런수런
별들이 구름 속으로 몸을 감춘다

목련

학교 식당 뒤편에
촛불을 든 나무가
침묵시위 하고 있다

증기로 가득한 내부에
하얀 캡을 쓴 여인들이
바쁘게 조리를 한다

답답한 숨소리를
꼼꼼히 기록하는 주치의처럼
그 자리에 서서 스캔 중이다

하얀 촛대에
타오르는 불꽃
온몸에 촛농 떨어져
화상 자국에
바람의 손이 다녀간다

생존전략

파리 한 마리
거실과 화장실을 배회한다

다용도실에 희끗한 것들이 흩어져 있어
빗자루로 쓸었다
그런데 살아있는 것들, 톡톡 뛰기까지 한다
생선을 말리고 있어서
생선을 살폈지만, 알 수 없다
근거를 찾다 보니 늙은 호박 꽁지다
바늘만 한 구멍을 뚫고 나온 구더기들
똑똑 영글어 1m가량을 뛰어 낙하한다

호박 속은 다 갉아 먹어 까맣게
탈탈 털린 흔적만 남아
둥글납작한 현장은 초토화되어 있다

까치

거슬리는 놈이 있다
방울토마토 가지치기하는
손길 위로 툭 떨어진 깃털
에헤, 이놈이 도전장을
소나무 위에서 탁탁 치는
까악 소리 깃털을 휙 던져 버렸다
더욱 거센 까악 까악 까악
신경을 끄고 있는데
갑자기 조용해서 위를 쳐다보니
날개 까닥이며 거들먹거린다
참, 그저 웃지요

소리

이른 아침
시골 공기와 마찰하는
소리들이 선명하다

뒤편 대밭에서 나는
바람의 웃음인 듯, 울음인 듯

날갯짓에 흔들리는 나뭇잎
소스라치는 소리는 선잠 털리는
얼떨떨한 기분

산까치들 행복이 아침밥
도둑질한 놈 네댓 마리
망보는 놈 두어 마리

쫓아 나가니 까악 까악 하는 놈
소방차 소리보다 더 다급하다

하루의 아침은, 각자 내는 소리들의 조합이다

도라지꽃

보랏빛 볼륨이 터질 듯
하양빛 볼륨이 터질 듯
잠시 비 그친 사이
밭고랑에 살랑살랑거리는
도라지꽃 문 스르륵 열리면
흰나비 몇 마리
꽃방석에 앉아 붕붕 떠
풍선 같은 나비 흰나비
속치마 펄럭이는 아가씨들
둥둥 뛰는 가슴
설레는 볼륨꽃

구슬나무

초록의 긴 그림자 드리운
초하의 선들바람결
보랏빛 여인이 흔들리고 있다

군탁에서 갓 로스팅한
진한 커피 향을 가져온 그녀
투 샷 찐하게 쫑남처럼
구수했던 쓴맛 같았던

초여름날 엷은 보라 꽃숭어리
쓴맛이 개운한 고소함까지
초록이 치마처럼 내려와 감싸준다

심해

몇백억 년의 물질을
어둠의 세계에 가두고
단 한 줄의 빛도 허락하지 않는 곳

눈도 귀도 필요하지 않아
오직 감각의 더듬이로
일 밀리 움직일 때 십 년쯤
그렇게 수억 년을 살아가는 생물은
그곳이 세상의 전부일 거야

복잡한 생각과 일머리 같은 건 없어도
수압에 익숙한 존재로
진화해 온 은밀한 곳

비밀을 털지 마
그 깊고 깊은 속은 세상의 전부
때론, 혼자이고 싶어

알비노*

숲은 헐거워졌다
수북이 쌓인 잎들이
바스락거리는 초겨울
알비노 한 마리
다람쥐 무리에서
멀찍이 홀로 남겨져
순백으로 빛나고 있어

여우나 독수리의 눈을 속일 수 있을지

어둠이 드리울 때까지
두리번거리다 숲으로 사라진다

*알비노: 선천적으로 피부, 모발, 눈 등의 멜라닌 색소가 결핍되거나
 결여된 비정상적인 개체.

백로

구름 속으로 들어간 백로
깃털이 살랑일 때마다
머리가 바람을 밀며
비행한다

바닥을 차고 오를 때는
욕심을 버린 빈 허리였다
가벼워진 몸으로 올라갈수록
무서운 공포는 하얀 빈혈
너무 멀어진 바닥
외로움이 몰려온다

흔들리는 기류를 헤치고
홀로 무희처럼 빙빙 돌며
내려올 기미가 없어 보인다

동백

겨울바람에 나뭇잎 소리
서걱서걱 움츠러드는 날

칼날에 손가락을 베이고
쓰라린 상처를 꼭 싸맨다

붕대 사이로 삐질삐질 새 나온
붉은 선들이 퍼져서

떨고 있는 애기 동백이
손등으로 내려와 활짝 피었다

꽃은 아프다
스칠 때마다 쏙쏙 아릿하다

행복이의 여행

아직 쌀쌀하다
봄의 기척이 느껴지는 들길엔
작은 눈들이
흙을 뚫고 있다
킁킁 냄새를 맡으며 느리게 걸어간다
햇살이 등위로 비춰 노곤하다
지난해 봄을 상기하며 걷는 들길과 산길
그녀와 산책을 하며 느낀 냄새를 기억하며
길 위에서 잠이 들었다
이른 봄의 한기가 뼛속으로 파고든다
그녀가 찾고 헤매는 소리가 들린다
가물가물하게 멀어지는 소리
애타게 부르는 소리는 꿈결인 듯,

가끔은 정체성에 혼동이 왔다
아들처럼 대해준 그녀의 손길은
언제나 세심하고 따뜻하다
늙고 병들었을 때 간병과 위로를 건넨
기억을 잊겠는가
이제 곧 그녀의 정원에 꽃들이 만발하리라

나의 움막 주위의 꽃향기는 잊지 못하리라
한기가 도는 초봄의 하루도 기울고
차츰 기억은 소용돌이친다
점점 멀어지는 기억 창고가 문을 닫는다

호접란

너의 봄을 불러낸다

보랏빛 열매처럼 마디마디 열려
몇 달이고 봄을 끌고 다녔던
좁은 화분 속 호접란은
잊힌 기억을 상기하며 글썽인다

잘린 꽃대 밀어 올리려
온 힘을 다한 흔적이
빠끔히 비추다 만 닭의 발톱 같은

납작하게 얼어 버린 잎을 만지고 불어본다
무심함을 탓하긴 너무 늦어 버린
게으른 나의 무지가 뿌리를 썩게 했어

베란다 귀퉁이로 밀려난 설움을 일깨우는
차디찬 피부를 만지며 방울방울 피어나기를
반짝이는 봄은 서서히 잊혀진 너를 기억하기를
밝아오는 아침 햇살이기를 소원한다

제2부
여우를 보았다

여우를 보았다

똘망한 눈동자는 여시가 아니다
브이 라인 확실한 턱과 주둥이
웅크린 작은 몸

멀지 않은 숲에서 마실 나온 강아지처럼
자동차 불빛에 반짝이는 눈과
한참 동안 숨죽이고 대화를 나눴다
여우 꼬랑지가 풀밭에
그림을 그린다

크리스탈 호수 위에 붉은 물감을 풀어 놓고
슬그머니 멀어져가는 노을과
붓칠한 여우 꼬리는 숲으로 멀어져 갔다

민들레 꽃씨

봉실 떠오른 둥근 세상이
후 욱 날아간다
햇살을 가르며 떠가는
작은 씨방이 날아와
얼굴에 박혔나
쓱쓱 스치듯 뺨이 따끈거린다
정착을 위해 자유를 떠난
작은 숨을 건드려
뺨 위에 노란 꽃 한 송이
아장! 아장!
손잡고 가잔다

가을볕 따끔따끔 살갗을 쏘는데

한 몸에서 나온 녀석들이 쫑알대며
작은 알갱이가 말한다
아주 오랜 옛날부터 여기 있었다고
돈부 팥 녹두 돌콩의 조상들이
사는 땅인 줄 이제야 알았다니

울타리 타고 올라가는 야생 콩을
수집하며 한눈팔기를 한다
두려움과 그리움 사이를 헤치고
올라타는 울타리에 달려 있는
콩깍지처럼 아슬했던 순간이

만질 때마다 토~옥 터지는 소리

봄비
- covid19 ~ bye -

타다닥 비 내리니
타악기 치는 리듬처럼
창틀 두들기는 소리
몸치들도 들썩이게 하는
클럽의 가등은 반짝이고
춤추는 연록의 깃발들
하얗게 불태운 벚나무

하수구 홀에 빨려 들어간
푸실푸실 티끌 먼지들
밤을 흔들어 주는 비바람이
멈출 때까지
흔적 없이 쓸어 가리라
밤이 눈을 뜰 때까지

세상은 온통 새하얗다

청량한 탄산수 같은
초록의 바다에서 유영한 젖은 잎이
서둘러 햇빛 빨아들이는 아침

본양에서

햇살 머금은
타는 듯 마리골드 찜 솥에
김 올려 오므린 입술들
촉촉해지도록 소독하고
볕에 말려 고운 빛으로
향기 머금은 골드마리 차

친구의 우정을 병에 담아
한낮에 팔팔 끓인
마리골드 차 한 잔씩 마시고
점점 채워지는 뜨거움
순희, 마리골드 진한 색이다

골 붉은 고추와 넓적한 풋 호박
잡초 무성한 밭고랑에 묻힌 감자밭에서
주먹만 한 알 감자
우리는 풀밭에서 한나절을 뒹굴었다

(소꿉놀이하는 어린 여자아이들!!)

잡초와 벌레들
꽃과 고요함 설렘의
기대가 남겨진 마당에
해바라기를 세워 두고
보랏빛 포도 향을 기다린다

은 고사리 언덕

은 고사리 날개 사이로
겨우 해의 눈 한 뼘
고요의 숲에서 새소리
간혹 묵은 가지 떨구는 소리뿐

나뭇가지 얼기설기 엮어 만든
비스듬한 움막에
타다만 숯 몇 개와 숯가루가
비 가림을 하고 있다

고운 아이들 몇몇
불꽃놀이 하듯 맑은 하늘가
그곳에 그려 놓았을 물고기 비늘
조각배 흰구름사탕 웃음소리
나뭇잎 바스락거리는 소리를

숲의 정령들마저 단꿈에 젖은
별똥별이 레이저 빔으로
숲이 마술에 걸리게 할 때

물 이끼 뒤집어쓴 장어가
물길을 따라 올라오는
그윽한 저녁
은고사리 털 보송한 포자 주머니 열리면
숲은 점등을 시작한다

분꽃

상추 들깨 오이 가지 고추 호박
채소들 틈에 언제 끼어들었나
풀처럼 콩잎처럼 알쏭한 모양 때문에
자라는 모습 지켜봐 줬더니
어느 날 향기로운 향 풍기며
꽃분홍으로 만발하였으니
여러 채소들이 멋쩍어 쳐다만 봐
어느 바람결에 딸려 왔는지 묻지 않고
녹색의 넝쿨이 작은 텃밭 둘레를
빙빙 돌고 있을 때 밤 별처럼 피어
밭 한가운데 등불이 되어
벌들에게 꽃밥 내주고
노란 분칠에 정신 팔린 밭고랑에
사냥꾼들 몰려와
뒤집히고 엉겨 붙어서 조용한 날 없는
한나절 만에 팥알만 한 눈알
빠뜨리고 윙윙거리는 절정은
우주에서 볼 수 있는 최고의 리얼 쇼
뷰티풀!

더덕을 캐다가

조심스럽게 땅속을 파헤치는데
올라오는 오싹한 냉기

늦잠 자는 뱀의 몸뚱이가
까만 에나멜 칠을 한 것 같다

단단한 자갈밭에 겨우내 깊은 잠에서
빠져나오지 못한 민대가리, 딱 걸렸다

소름이 전율처럼 번져 뒷걸음치다
일어나지 못하게 꾹꾹 눌러 흙무덤을 쌓았다

자갈밭 틈으로 올라온 새싹들이
혓바닥 날름대는 뱀 밭인 듯

발밑에서 우는 방울뱀 소리
더덕 몇 뿌리 쥐고 내려오는
뒷덜미를 잡아채는 민대가리

으슬으슬 봄비만큼 차갑다

4월에

파란 하늘에 획을 그어 놓은 듯
하얗게 번진 가루는 비를 몰고 온다

벚꽃 화사하게 핀 길 위에 살랑대는
이야기가 시작되면서 이곳저곳 미친 듯

노랑 빨강 자주 사연을 들어 주기엔
너무나 짧은 시간이 아까워

천방지축 뛰어다니다 치맛자락 밟혀
넘어진 자리에 수를 놓은 듯한 꽃길

포르름 날아다니는 꽃비를 맞으며
가슴 속 울혈을 펼쳐 보여도,

들쭉날쭉 혀 꼬이는 대로 지껄여도
미친년, 머리에 꽃 꽂고 염병한다

나무라지 않을 것 같은 우울함을 숨겨주는
비밀의 정원으로 초대받아

노랗고 하얗게 거짓말을 실컷 쏟아버리고
물 위를 둥둥 떠다니는 꽃 한 송이 멀어진다

방죽

젖어있는 아침이 신선하다
안개 걷힌 진흙에서
불쑥불쑥 묵비권으로 자라난
주먹만 한 어린 것들

원을 그리며 달리는 꽃길
개구리 혼인하는 소리에
꽃들이 붉어져 수줍은 듯
새들은 경쾌하게 축가를
구름이 사알짝 차일을 친다

가을 풍경

마른 풀잎 밑에 아기 주먹만 한 것이
꼼지락거리며 젖비린내를 낸다

늙은 호박이 듬성듬성 떠 있는
갈색의 바닥에 웅크린
작은 숨을 재바르게 어미가 품으며
길을 인도 한다

길 잃은 어린 것의 위장으로
젖물이 흐르고
안정을 찾은 박동이 찡하게 전해 오는

가을빛 물들인 농장의
감빛과 따사한 햇볕은
새앙쥐의 모성만큼이나

울컥, 체기가 치밀며
마알갛게 갠 하늘에 흰 구름이
눈물 한 점 찍는다

꽃비

자잘하게 부서지는 꽃잎이
가벼운 바람이 되어 날아간다

가벼워진 여인의 옷깃 펄럭이듯
깜짝 사랑만 남기고 떠나간
허전한 허공으로 비가 내린다

젖은 꽃잎들이 울타리 너머
길 위로 밀려와 하얀 길을 낸다

꽃길에 만난 작은 발자국들
꼬마들이 놀다 간 흔적으로 찍혀
비 그친 하늘로 올라간 꽃들의
엷은 미소처럼 흰 구름
한 획을 그었다

숨

구슬 구르는 소리

드글드글 잔돌처럼 박혀서
큰기침 할 때마다 동그랗게 말린
멍울이 튕겨져 나온다

탁음이 득음을 하며 한 알씩 던진
구슬들이 별밭을 굴러서
하늘에 꼭짓점을 찍는다

흐렸던 밤하늘에 촘촘히 박힌
길고 맑은소리가 잠을 깨워
안개처럼 숲으로 향한다

구슬 치는 파란 길
청아하다

맹그로브

해일이 지나간 파편들
긴 해안선 안으로 들어온다

발가락 사이로 꿈틀거리는
초록의 배젖이 집게발처럼
물가를 벗어나
남국의 태양으로 오도독 말라
휩쓸리다 처절하게 꽂힌 뻘밭

상처가 아물 듯 지경을 넓혀 푸르러진다

알맞게 천천히

가을에 대봉들을
베란다 끝에 두고
홍시가 되면 하나씩 꺼내 먹었다

순서 없이 물컹거리는
빨간 속이 터질 듯

미국 손주들 오면
봉긋한 속 토옥 터서
달콤한 스무디처럼
내놓으려 했는데

미리 터져 뭉그러져
알맞게 천천히는
어려운 것이라는 것

멸치 똥을 따면서

마른 멸치 한 포를 풀자
은빛 바다가 파도를 타고 밀려온다

새끼손가락보다 작은 물고기
렌틸 콩알만 한 머리에 딸려 나온 내장
까만 똥에 바짝 눌어붙어 보이지 않는
위, 대장, 간, 쓸개와 그 밖의 장기를 상상하며
등줄기에 실선처럼 가는 핏줄
두근두근한 심장 소리가 들리는 듯

작은 목숨들이 떼를 만들며
깊고 푸른 긴 터널을
좁쌀보다 작은 눈알 반짝이며
生의 문장을 읽어 나갔을 거친 바다의 숨

똥, 똥, 소화 덜 된 똥 찌꺼기를
손으로 만진다, 비릿한 똥의 질감
멸치 똥만큼의 하루를 따면서

톡톡 은비늘 반짝이며

바다의 심장 속으로 유영하는
한 마리 작은 물고기를 꿈꾼다

스페이스 푸프 챌린지

하늘을 날자
넘실대는 파도의 벽을 타듯
무중력의 세계로 가자

먼지처럼 벽에 붙어 천장에 부딪히며
허공을 떠다니는 비닐봉지보다 가벼운 몸

우주에서 산다는 건
자신을 가두는 무균의 생체 실험실 같은 곳

먹고 마신 배설물과 붙어 살 수는 없어
진공청소기를 항문에 대고 빨아들인다

우주 공간에 버릴 수 없는
몸의 찌꺼기를 걸러서
식물을 키우듯 빈 몸에 샤워를 한다

새싹이 돋아난 것처럼 푸릇푸릇해진
몸 곳곳에서 뻐꾸기가 울고 꽃이 피어난다

땅에 닿지 않아도 살 수 있는 행성들
구름다리 하나 걸쳐 놓고
우주 캡슐로 빠르게 질주한다

제3부
타우랑가

타우랑가
- 남자 1

야자나무 아래
남자가 춤을 춘다
태양의 배꼽을 사알짝 들어
뱅글뱅글 백 스텝으로
원을 그리며 클라이맥스에
꼭짓점을 엄지발가락에 고정시키고
구릿빛 근육으로
완급을 조절하며
태평양 푸른 파도를 타듯,
날것의 무대는 완벽하다

＊타우랑가: 뉴질랜드의 북섬 베이 오브 플랜티에서 가장 큰 도시.

타우랑가
- 남자 2

성난 파도의
이빨을 밀치며
카약이 나아간다

팔뚝의 근육이
물을 밀고 당기는
방향으로 전진하는,

푸른 물결 멀어지는
갈매기 날개와
하얀 포물선,

원시의 몸짓이다

타우랑가
- 남자 3

포우투카와 그늘 아래
주방을 가져온 그가
파스타를 볶는다
머쉬룸, 어니언, 토마토, 허브를 넣은
파스타 면이 접시에 올려지고
큼직한 스테이크가 오글거리며
팬에서 적당히 구워질 때쯤
와인잔에 붉은 입술처럼
허기진 위 점막을 데워
수평선과 맞닿은 하늘
흰 구름 위를 떠다니는
방랑의 벽을 사랑하는 만찬 자리에
참새 몇 마리 초대한다
금세 시끄러운 파티장
볼 빨간 주인공
맨발이다

타우랑가
- 젤라또

호텔 코너에 긴 줄
서성이다 줄을 따라서

납작한 콘위에 바닐라 크림
각자 알아서 길옆 벤치에 앉아
핥아먹어야 하는 맛
두 돌 지난 미미도 좋아하는 달달함
크림이 바닥으로 줄줄 샌다

로마 트레비 분수 앞
그 집의 녹색 젤라또
작은 컵에 인색하게 얹어 주던
오래된 맛의 파격이다

크림 안에서 견과류 씹히는 고소함
마약처럼 땡기는 쫄깃한
그 맛, 동네 새들이 다 모였다
흘린 것도 모자라 손까지
탈탈 털고 달아난다

남국의 바다

울렁이는 바다

그을린 근육질이
질긴 노끈처럼
파도의 벽을 갈긴다
흔들대는 보트가 한 몸이다

물색 좋은 바다에
빛 튀김이 베일처럼 내려와
아른거리는 먼바다로 떠내려간 남자가
그을음으로 벗겨진 남은 태양을 안고
돌아오는 시간

바다는 고요한 어둠이다

정글

병정처럼 니카우 야자수들
햇살 머금고 도열해 있다

아나콘다처럼 굵은 덩굴이
길을 막고 처억 걸쳐있다

이끼와 푸른곰팡이 덮인
오래되어 낡은 벤치에
간신히 엉덩이 붙이고 앉는다

켜켜이 쌓인 이야기는 다 읽지 못했다

수북히 쌓인 은고사리 줄기와
이제 낙하를 준비하는 가지들이
등을 칠 것 같아 불안하다

이따금 들리는 뚜이새 울음소리
숲이 신비로워지는 순간이다
깊은 고대로부터 탈출할 틈이기도 하다

바람 불어 좋은 날

파리바케트 케잌 두 개
촛불이 켜져 은은한 불빛
11월 마지막 날 태어난
준과 케이시 두 사람의 생일은
우연의 일치라기보다 운명이다
낯선 미국 땅에서
사촌의 아내로 만나 절친이 됐다

코로나 이후 가족모임이 이루어진
파티의 의미이기도 하다

준도 케이시도 우리의 딸이다
아이들이 불꽃 튀는 꽁트도 하고
선물도 듬뿍 안긴 기분 좋은 날

찬바람 불기 시작하는 날은
환하게 피어나는 꽃송이
활짝 열리는 날이다

결혼했어요

엘리베이터 타고 내려가는
꼬꼬마 녀석
"할머니!"
"왜?"
"결혼했어요?"
"그럼, 그러니까 할머니지!"

엄마 손에 끌려가는 녀석이
뒤돌아보는 눈과 마주하며 손 흔들어 줄 때

삼십 년 전쯤의 내가 달려가고 있다
그땐 참 풋각시였지

아스가르디아(ASGARDIA)*

신비의 세계로 여행을 떠나자
쏘아 올라간 공간에 집을 짓고 나무를 심자
비구름을 모아 샘물을 만들고
특별한 사람들이 무지개다리를 건너
독립적이고 자유로운 철학으로 살 수 있는
신들의 고향 아스가르드**로 가자

소형위성들이 둥둥 떠다니는 바다
충돌하지 않는 규칙이 정해지고
정거장을 만들어 도킹할 때마다
손님들은 위성을 갈아타는 거야

떠 있는 공중 도시를 국가라 한다

더 넓고 아름다운 여행을 원한다면
신의 경계를 넘나들 수 있는
특수 여권을 만들어야 가능하지

신들이 존재하는 우주로의 여행은
설레고 가슴 떨리는 일이어서

Background를 쓸까 염려스럽다

사랑하는 사람과 순백의 천사들이
살고 있는 아스라하게 푸른 나라로
들어가는 입구, 환영합니다 아스가르디아人

✽아스가르디아: 일명 우주국가라 함. 오스트리아 민간항공 우주 국제
  센터
✽아스가르드: 북유럽 신화에 나오는 신들의 세계

폭우

별들은 어디로 가고
번쩍이는 낙뢰와 천둥소리

성난 검은 구름들이 몰려다니며 뛴다
빠른 걸음으로 걷다가 뛰어가는
그 동네 어디쯤 큰 사건 터졌나 보다

세찬 바람에
나무들 휘청이며 꺾이고
쏟아지는 빗소리

콘크리트 지붕 아래 숨죽이며
아기새처럼 움츠리고 있는 것들

장마철

이른 아침 밭에 나갔다
노인이 굽은 등과 허리에
비를 받아 낸다
유모차에 넌출 대는 호박 줄기와 오이
가지 고추 싱싱한 야채들이
노인의 손에 이끌려
출근하는 사람들 사이를 지나간다
빗줄기 점점 퍼져가고
빼꼼히 내민 호박잎 한 장 뜯어 머리에 얹고
노인은 급할 것 없이
느릿느릿 유모차를 민다
모자처럼 머리 위에 착악 붙는 호박잎도 우스워
꿀렁꿀렁 웃음을 참느라 움쭐대고
사람들은 곁눈질하며 미소를 보낸다

소낙비는 내리고

찢어지는 여자 울음소리가
열기에 폭삭 익어 버린 밤을
압력솥 증기 밸브를 젖혀 버린 듯
따갑게 뇌파를 후려갈긴다

중저음의 남자 목소리 간간 들리고
우박처럼 쏟아지는 알 수 없는 낱말들이
숨은 그림 같은 암호를 찍어내며
푹푹 삶아서 건져 낸 여름밤은

잠 못 드는 영혼의 눈동자를
맑게 씻어 내고
눈물 한 방울이 마를 때까지
강약을 엇박치며
밤은 까맣게 흘러간다

갯바람

레일 위를 달리는 기차같이
덜컹거리는 낡은 배

갈색 피부와
찌든 소금기를 싣고 떠나는
배 울음소리

미어캣처럼 쭈뼛쭈뼛
주시하는 목들이 허전하고

난간에 기댄 여자의 쓸쓸함은
가을 낙엽처럼 가볍다

신시도

해변에 펼쳐 놓은 천막 안에
뙤약볕은 이가 기어가는 듯
간지러운 머릿속은 땀범벅이고

물 위를 뛰어가는 햇빛 발자국
유리알처럼 반짝이며 주름을 펼친다

무심히 의자에 앉아
해가 지는 쪽으로
점점 붉게 물드는 바다

한 방울씩 채색 위에
빛튀김을 하면서 그림자를 드리운다

쿰쿰한 갯내음 떠나가는
뱃머리에 낙조가 걸려
한 편의 시나리오를
뱃고동 소리에 담아
멀어지는 항구

흰 섬

단내 나는 몸에
달린 열매들
그 열매 따 먹은 자식들
이제는 희끗한 노년이 되어

여름날 오후
매미 소리 쫘르릉
바짝 타들어 간 배밭
그녀가 남긴 이삭 파먹는
벌레와 주위를 맴도는 것들
그냥 지나쳐 간 것 없는

하얀 봄날,
꽃샘추위 지나칠 때쯤
그녀는 찍히고 파 먹힌 구멍 숭숭한
등뼈 무너져 주저앉은 자리

봄날의 하얀 섬이 되어
흰 파도의 거품이 되었다

함평역에서

무표정한 얼굴들
개찰구를 바라보고 있다

이마 위의 주름 고랑에
밭고랑 논두렁이 스친다
호미 쥔 주름진 손은
허름한 간이 의자 같다

사람들 얼굴을 보고 있자니
지나간 시간 속 인연들이
고랑을 따라 사라져 간다

잠의 비명

미로 같은 잠에서 깨어나
불빛을 더듬어 나간다

침대에서 구르며 헛발질 하다
뭉툭한 탁자에 정강이뼈를 세게 부딪치며
반짝이는 불빛

찔끔찔끔 눈물처럼 피가 흐르고
어둠 속을 더듬이로 헤쳐 나오는
곤충처럼 둥글게 몸을 감싸안고
터져 나오는 비명을 참는다

벽을 타고 내려온 불빛이
꽉 깨문 이빨 사이로 깨진다

벗겨진 살갗 밑의 하얀 뼈
홍매화가 피어난 듯 들끈거리고

깨금발로 새 나오는 통증을 달래며
변기에 앉아 꽃잎을 띄워 보낸다

영산역

느리게 기차가
망초꽃 속으로 들어간다
산발한 노파처럼
검버섯 뭉게뭉게 피어난다

복숭아 볼처럼 화사했던
그림책 화보 같은 짧은 순간
망막에 고인 물방울이
녹슨 철길 위로 부서진다

침묵은 잠시 행간을 친다

깨알 같은 날들
황금빛 들녘처럼
가슴 뿌듯했던 그런 날

뜯기고 얇아진 살점 깊숙이
대패질하던 날들도

흰 구름 띠를

강물에 흘려보내며
짧은 이별의 강을
물결치며 건너간다

생선 가게

노점에서 점포를 갖게 될 때까지
40년 내공의 기역자 허리로
새벽부터 비린내를 향수처럼 바르고
정오에 마감을 치는
만만한 손님에겐 후려치며 호통도 하여
자식들 살게끔 했다는,

젊은 딸이 손님과 얼버무리면
어느새 나타나 딸 제끼고
큰소리로 기선을 잡아
봉지에 생선을 가득 부어준다
삶과 청춘 비벼 자식들 뒷배가 되는
아직도 쩌렁쩌렁 큰소리하는 작은 몸

영감 자녀들도 궤짝 나르고
선별하는 모든 지휘와 통제는 그녀의 몫,

검정 비닐봉지 무겁게 들고 오는 길
삶에 진실인 적 있는가

밤의 분자들

골진 타일 사이로
샤프심 같은 벌레들이
거웃처럼 기어다닌다

한둘이던 것들이 습기를 머금고
우글거리며 세포 분열을 시작한다

시간이 빛을 잡아먹으며 뱉어 놓은 분자들

살갗에 내려앉은 먼지 알레르기에
근질거리는 느낌으로 스멀대는

밤의 창문을 무겁게 닫아걸고
누추한 일상을 벗어 던진다

바람 부는 날

바람에 밀려 나가는
코끝이 찡한 날
여자가 코트 자락 펄럭이며
앙증맞은 가방을 흔들며
아파트 쪽으로 간다
독특한 차림과 헤어스타일이 궁금해
마른 나뭇가지 사이로 무질러 가는데
휘어진 울타리 난간에 가방을 놓고
기마자세로 아랫도리를 개방하더니
방뇨를 하는 여자
잔뇨까지 털털 털어
치마를 흔들며 간다

아이 하나 뒤돌아서 농구공을
던지며 놀고

민망함에 사선으로 돌아서 가는데
여자의 가는 방향은
아파트를 벗어나 멀어지는데
시야는 자꾸 여자의 뒤를 쫓고 있었으니
사나운 바람이 매듭을 꼬꼬 있다

제4부
놀이터

놀이터

아이들이 그네를 타거나
모래 장난을 하며 놉니다

네 살 오빠가 두 살 동생 손을 잡고
형아들을 따라
삼학도로 도마뱀 잡으러 갔다네요
작은 발로 얼마나 멀리 갔는지요
저물녘에야 새까맣게 돌아왔죠
아이는 해맑은 얼굴로
"형아들이 도마뱀 잡으러" 할 뿐
설명할 줄 모릅니다
동생 손은 놓지 않고 데리고 온 기특함이
얼마나 감사하던지요

녀석은 종종 네 살 아이가 됩니다
무릎을 베개 삼아 귀를 만져 주면
순한 양이 되어 눈 코 입이 조각처럼 빛이 났죠
어리광을 피우고 싶은 거죠

가끔은 별이 되어서

형아들 틈에 끼어 모래 언덕을 오르고
그네를 타면서 해 저물 때까지
도마뱀을 쫓아다닙니다

놀이터가 너무 작아 보입니다
녀석의 놀이터는 점점 자라서
높이높이 올라갔거든요

토끼

플라타너스 이파리 같은 친구들을
머리 희끗해서 만났다

토끼가 예뻐서 겨를도 없이
책과 맞바꾼 동심이
토끼가 토끼를 낳아서 토끼 천지가 된
꿈속에도 토끼들에게 포위돼
꼼짝없이 살고 있다는

몇 순배 술잔 속으로 추억이 들어간
맑은 소주 같은 순수가
폭포수같이 쏟아진다

토끼 주인은 월급쟁이가 되어 목을 조이고
책을 버린 친구는 젠장, 인생이 출렁거린다 한다

시간을 되돌린다 해도
구정물 줄줄 흘리며
골목길 주름 잡았을 친구들이여
거친 손을 내밀어 봐

우린 거스를 수 없는 순백의 아이들
모두가 하얀 토끼들이었어

장미와 소년

학교 가는 길에 사내아이가 해찰을 한다

마법처럼 향을 따라서 가다
멈칫, 다가선 꽃송이에 눈을 못 떼고
온몸으로 흐르는 전율을 주체 못해
꽃잎을 파고드는 꿀벌처럼
깊이를 알 수 없는 굴을 파기 시작한다

회초리 매운맛 종아리에 붉은 장미가
피어나기 시작하다가
분홍 노랑 파랑 흰색의 꽃으로
시간을 끌고 다니며 남자가 되어간다

가시가 뭉그러지도록 꽃밥을 파낸 자리
성글어진 머리에 흰 꽃 드문드문 피어서
금가루 뿌려 놓은 듯 반짝이는 꽃밭

파내도 끝이 보이지 않는 남자의 해찰은
멈출 줄 모르고 묵은 나무에 새순을 옮겨 심는다

택시는 날아간다

초등학교 운동장에 아이들 소리
국화 향처럼 퍼지는 휴일

나는 자동차를 사달라고
시장 바닥에 다리를 뻗은 녀석이
흑백 필름으로 남아서

드론 택시가 날아간다
2인용 택시에 꼬옥 붙잡은 손
푸른 푸른 하늘 바다로
바퀴 자국 하얗게 남기며

숲의 향기와 시냇물 소리
직박구리, 종다리도 친구가 되는
고요해진 가슴을 열어

사랑해, 보고 싶었어
꿈인 듯 벅차오르는 선물
자동차 한 대가 순식간에
여운을 남기고 날아간다

아이는 꿈을 꾼다

자전거가 날아간다
뭉게구름은 길을 내고
작은 몸이 페달을 돌리며
지저귀는 새소리와 꽃향기
푸르게 날아 올라간다

날으는 자동차를 꿈꾸었던
솜털 보송한 작은 아이가
하늘 고속도로를 질주한다

별과 달 그리고 지구의
무중력의 우주정거장에 停車를 하고
우주의 언어로
시인과 통화를 한다

무탈하게 그곳에서 빛나는
샛별, 지지직 전기 끓는 소리
까맣게 지워진다

토요일 오후

흙바탕을 뛰는 아이들

꽃잎 날리는 울타리 너머
타닥타닥 공 튀는 소리
초등학교 운동장에
걸걸한 목소리가 튄다

축구를 하다가 농구 골대로 배꼽이
올라가도록 뛰는 아이들
텅텅 튕겨 올라왔다 부서지는
하나 · 둘 변성 음이 부딪치는 소리

옹기종기 피어난 꽃잔디처럼
까르르 까르르 여자아이들
꽃비 내리듯 봄 햇살 날리는 오후

담장 너머에 머문 마음자리
꽃 한 송이 걸어두고
숭얼숭얼 열리기를
달싹이는 입술 같은 오후를 거둔다

접영 蝶泳

나비 한 마리
물속을 날아다닌다

수초에 걸려 허우적거리는
팔과 다리를 물 위로
쉼 없이 파닥거린다

숨을 헐떡이며 활짝 열린 입속으로
소독 물 한 컵이 주르륵 따라 들어간다

펄럭이던 팔은 물 위로 떨어지고
힘 빠진 다리는 점점 동작이 느려지는데

팔랑팔랑 날아가는 나비들
물은 출렁이며 춤을 춘다

파도를 가르고 사뿐, 수면을
날아오르는 나비의 꿈을 꾼다

10월에
-이태원

홍시처럼 10월은
살살 녹아서 떠내려간다

쓸쓸한 밤은 울고 있다

감당 못 할 정신적 피해자는
미래를 힘겨워하며 소주를 마신다
입안 가득 불을 머금은 뜨거운 몸이
쓰러져 잠든 밤

마지막 밤의 축제는
귀신들이 와글거리고
심리전에 말려들어 간
어린 영혼들이 운다

살이 에이도록 몸은 떨리고
화살나무의 분홍빛으로
10월은 가고 사람들도 간다

명자꽃

미군을 따라 태평양 건너갔다는데

감나무 아래 풋감 하나 베어 물고
고약한 놈의 인기척에 목구멍이
뻑뻑하게 매어오던 눈물범벅인
가난하고 비루했던 명자 언니

가난이 죄가 되어
명자꽃 피기도 전에
서울로 갔다는데
다시 볼 수 없었으니

낯설고 무서운 코쟁이 하나 믿고
떠난 후론 명자꽃이 몇십 번
피고 졌는지 몰라

이제는 하얀 명자꽃이 머리에
함박만하게 피었을 텐데
초복이면 색색으로 피어나는
명자꽃을 보면 메주 같은 언니가 생각난다

대기점도 홀아비

하룻밤 묵어갈 방이 없어
겨우 구한 방이 홀아비 사는
쿰쿰한 옆방이다

너절하고 누추한 세간살이
발길에 채는 집안에
하얀 분칠을 한 늙은 호박이
꽃처럼 웃고 있다

개켜 있는 이부자리 속을 들추자
까만 도둑년이 달아난다
기겁을 해 이리 뛰고 저리 뛰며
소동질하다 잡아 놓고 보니
갯것, 칠게 년이 들어와
우렁각시질이다

바보 썩다리 외로운 홀아비에겐
그것도 과분하여
집게다리 분질러 쫓아 버렸으니
헛기침 쩝쩝 삼키며
담배 연기만 허공에 날려 보낸

남자는 사랑이다

접시꽃은 갯바람에 화사하게 웃고
나비 속잎처럼 날아든
핑크빛 사랑은 남자의 자존심

집안의 반대에
죄인처럼 이끌려간 남자의 방
루게릭이라 하는 이가
몸과 마음까지 꽁꽁 묶었다

남자의 헌신은 그녀의 말년까지
흔들림 없이 한몸이었다

맑게 개인 날, 먼바다 열리고
가난한 연인의 부푼 가슴
솜털 구름은 핑크색으로 물들어
나비 속날개처럼 펼친
그녀의 하얀 미소는 행복이었다는 걸

꽃 심고 나무를 돌보는 일상이
꺼칠한 남자의 체온은

그녀의 등허리를 만지듯

뜬구름 속 숨겨진 그녀
낮달이 되어 엷은 미소로
남자의 정수리를 맴돌고 있다

노인

대학병원 앞
노점상 할머니가
끌고 가는 자전거
야무지게 우산 하나 묶여
터덕터덕 끌려가는

장마에 장화 속 발가락들
철벅거리고 무심히 앞만 보는
목덜미에 파스 한 장이
완장처럼 길 끝으로 안내하는
터덜거리는 자전거는
타는 물건이 아니다

벽돌처럼 쌓아 올린
네모난 파스는
그녀가 댕겨갈 길이었고
터덜거리는 바퀴는
그녀의 목구멍이다

고요가 찾아올 때

잠잠할 때의 무기력함
은빛 소름 번뜩이며
탄식이 터져 나온다

낙엽과 먼지가 쓸려서
하늘 끝을 향해 회오리칠 때
숲의 정령들이 웩웩 멀미를 한다
세상 모든 오물을 섞어서
흔들어 버린 탁한 세상의 골목

찰나의 칼질이 시작된다
굴러다니는 달러 다발
사람이 마귀처럼 달린다
섞여서 뒹굴고 찢겨도
잡히지 않는 달러 뭉치

차라리 고요가 무서울 때
찾아오는 유혹을 떨구지 못했다

보름달·1

불 깡통 돌리며 달려가는 아이들
별들이 후두둑 떨어진다

짙푸른 하늘가 별똥이 말똥거리며
핑그르 사선을 긋는다

동네방네 싸돌아다니던 때
보름달 속으로 아이들 돌아다닌다

그때처럼 숯 검댕이 뒤집어쓴
동네 개구쟁이 여럿이 별을 만들어
보리밭 이랑으로 날려 보낸다

아파트 숲으로 떠 오른 달빛
학교 운동장에 아이들 공차는 소리
달 속으로 뻥 차오른다

반짝이는 눈들이 땀범벅인 채
달빛 샤워를 하는 검푸른 파도 일렁이는 밤

불깡통 돌리는 어깨들이
사방팔방으로 별들을 날리고 있다

보름달·2

길가에 무심한 듯
황금색으로 피고 지고

어느결에 언덕과
보도블럭 사이까지

황금물결 넘실대는
꽉 찬 보름달을

군락을 이루며
향기도 전해주는

그냥 실없는 존재가 아닌
우주의 중심이 된

그 꽃 오월엔
목젖 타오르듯 한다

포도밭

엷은 안개 속
다정한 여인들
포도나무 아래
보랏빛 향기를
맛보고 있다

아이들은 나무에 매달려
알알이 영롱한 송이를
입안 가득

입안으로 퍼지는 달콤새콤
침샘이 회오리처럼 퍼지는
달달한 유혹을 멈추지 못하고

울타리 너머로
깃발 흔드는 무리들
포장과 과식을 덧칠한
세상과 단절된
동화 한편 찍는다

눈 오는 날

흩날리는 것들이
밤을 새워 울었다
소복하게 쌓여서
길 위를 밝히며 반짝이기 시작하면서
조금씩 조금씩 죽어가다 이내 사라지는
하늘빛을 닮아 가는 아주 특별한 날에
펑펑 울다가 웃다가 흩뿌려지는
흔들리는 바람이 속울음을 뿌린다

먼지가 내려와 먼지 날리는 낡은 탁자 위로
한 뼘 빛은 어지럽게 입자들을 쌓아 놓고
눈 아래서 거슬리는데
눈물인지 콧물인지 하얀 결정체
쓰윽 쓰윽 쓸어가 버리는,

나무를 타고 흐르는 눈물을 거두는
늙은 풀잎에 코 박고 콕콕 찍어 보는
빌로드처럼 희끗한 날개 한 쌍이 날아가 버리고
머물렀던 자리엔 상처만 남아 두텁게 운다

작품론

경건한 응시와 시간의 기록일지

강 나 루
(시인, 문학평론가)

작품론

경건한 응시와 시간의 기록일지
- 정영숙 시집 『이제 숲은 점등을 시작한다』

강 나 루
(시인, 문학평론가)

1.

정영숙의 시집 『이제 숲은 점등을 시작한다』는 시인이 세계를 바라보는 태도와 사유의 방향을 분명하게 드러낸다. 시인이 사유하는 시간은 존재와 존재를 이어 주는 매개로 작용하는 또 하나의 존재이다. 꽃이 피고 지는 순간, 동물의 숨소리, 인간이 남긴 기억과 흔적은 모두 시간 속에서 의미를 가진다. 그렇기에 시인은 꽃과 동물, 인간을 관찰하고 알고자 탐구하듯, 시간 또한 관찰하고 탐구하려 시도한다. 시간의 앞에서 함부로 말하지 않고, 세심하게 듣고 바라보며, 마치 의례에 참여하듯 공손하게 태도를 유지하는 근간이 그러하다. 그러나 시인의 시간에 관한 사유는 무례하게 빤히 쳐다보는 것이 아니라, 그것이 매개하고자 하는 여러 대상을 관찰함으로써 이뤄진다.

자연은 살아 있는 생명의 장으로 나타난다. 직박구리, 목련, 민들레, 여우, 멸치, 나무와 꽃들은 시간을 품고 존재를 드러내는 증언자이다. 시인은 그 증언을 받아 적으며, 작은 생명까지도 존엄한 존재로 대우한다. 그렇게 자연은 시 속에서 생명의 경이와 탄생과 소멸의 질서를 보여준다.

시간은 또한 인간의 기억을 매개한다. 어린 시절의 놀이터, 잃어버린 가족과 이웃, 고단한 생계의 풍경은 모두 시간이 지나면서도 사라지지 않는 흔적이다. 시인은 그 흔적을 다시 불러내어 삶의 의미를 확인한다. 기억은 단절되지 않고 현재와 이어지며, 미래를 구성하는 자원이 된다. 그래서 이 시집은 개인의 삶을 넘어 세대와 공동체의 시간을 함께 안아낸다.

시인은 현실의 풍경을 그대로 받아들이는 데서 멈추지 않는다. 여우를 마주치는 순간, 멸치 똥을 고르는 노동, 이국의 풍경과 우주의 상상은 모두 현실과 허상을 잇는 통로가 된다. 시간은 이 통로를 열어 주는 힘이다. 현실은 시간 속에서 환상으로 이어지고, 상상은 다시 현실을 새롭게 보게 만든다.

『이제 숲은 점등을 시작한다』는 자연과 인간, 실제와 허상을 모두 시간이라는 축으로 엮어낸다. 그 과정에서 시인은 시간을 두려워하거나 회피하지 않고, 존중하며 맞이한다. 그래서 이 시집은 결국 시간을 향한 경건한 태도의 기록이라 할 수 있다.

2.

정영숙 시인의 시선은 자연의 미세한 생명과 풍경을 포착하고 그 속에서 존재의 의미를 탐구하는데, 시인은 직박구리, 목련, 심해의 생물 등 하찮게 보이는 것이라도 시간을 품은 존재로서 존중하며, 생명의 경이와 내밀성을 기록한다. 그 과정에서 생명 자체가 지닌 질서를 존중하는 태도를 드러낸다.

    목련이 터지고
    직박구리 한 쌍
    새하얀 침구에
    신방 차렸다
    햇볕도 눈부시게
    그들을 비추고
    하얀 드레스 입은
    신부처럼 단아한 모습
    발길 멈추고 예식을 본다
    봄바람에 축가가 흐르고
    셔터 터지는 소리
    부케 한 다발 날아간다

                            - 「직박구리」 전문

    화자는 자연의 짝짓기를 혼례로 치환하고 있다. 목련의 꽃잎은 "새하얀 침구"가 되고, 가지 위의 둥지는 "신방"이 된다. 이 장면은 생물학적 번식의 기록이 아니라, 삶이 새로운 질서로 이어지는 성스러운 의례로 격상된다. 흰

목련의 색채는 순결의 표상일 뿐 아니라, 겨울의 공백을 지나온 봄의 강렬한 빛을 상징한다. 눈부신 빛이 "그들을 비추"는 순간, 화자는 오래 응시하지 못하고 "발길을 멈"춘다. 그 멈춤은 곧 자연 앞에서 취해야 할 겸허의 태도이다.

인간의 결혼식은 주인공들을 비추는 조명과 음악이 필수 요소인데, "햇볕도 눈부시게/ 그들을 비추"며 조명이 되고, "봄바람에 축가가 흐"른다. 자연의 사건에 화자의 인간적 인식이 덧입혀지면서, 생명은 하나의 합주 속에서 숭고하게 드러난다. 또한 이어지는 "셔터 터지는 소리"는 인간적 개입의 흔적이지만, 방해가 아니라 기록의 행위로서, 의례의 순간을 장면으로 간직하게 하는 장치이다. "한 다발 날아"가는 부케는 이 혼례가 단발성이 아닐 것이라는 화자의 확신으로 보인다. 이렇듯 자연의 번식과 인간의 의례가 겹친 자리에서 시인은 시간의 바통은 다음 존재에게 전해지는 연속성과 반복성을 가짐을 확인한다.

이 시에서 가장 중요한 것은 화자의 위치다. 그는 주례도, 주인공도 아닌 '증인'이다. "발길 멈추고 예식을 본다"는 진술은 관찰을 넘어선 증언의 태도다. 자연을 소유하거나 지배하지 않고, 다만 그 존엄한 순간을 경건하게 목격한다. 이 증인의 자리가 바로 시인이 시간을 대하는 태도를 정의하는 지점이다.

한편, 시인은 다음의 「심해」에서 인간적 감각과 사고가

닿을 수 없는 세계를 무대로 삼아, 존재의 또 다른 양식을 드러낸다.

> 몇백억 년의 물질을
> 어둠의 세계에 가두고
> 단 한 줄의 빛도 허락하지 않는 곳
> 눈도 귀도 필요하지 않아
> 오직 감각의 더듬이로
> 일 밀리 움직일 때 십 년쯤
> 그렇게 수억 년을 살아가는 생물은
> 그곳이 세상의 전부일거야
> 복잡한 생각과 잎머리 같은 건 없어도
> 수압에 익숙한 존재로
> 진화해 온 은밀한 곳
> 비밀을 털지 마
> 그 깊고 깊은 속은 세상의 전부
> 때론, 혼자이고 싶어
>
> -「심해」전문

화자는 까마득한 시간과 깊이로 인해 인간의 생애나 역사적 척도가 전혀 작동하지 않는 심연을 제시한다. 이 세계는 "눈도 귀도 필요하지 않아"서 "오직 감각의 더듬이"만이 감각기관으로써 사용되는, 인간이 전적으로 의존하는 감각이 무가치하다. 생명은 촉각적 감각을 통해 세계를 탐지하며, 빛과 소리 대신 진동과 접촉으로 자신을 연명한다. "일 밀리 움직일 때 십 년쯤"이라는 과장된

표현은 인간적 시간 체계와 다른 리듬을 상기시키며, 지연과 정지가 오히려 삶의 방식으로 작동하는 질서를 환기한다.

이러한 세계를 화자는 외부에서 함부로 해명하려 하지 않는다. "그곳이 세상의 전부일거"라는 화자의 감상은 이 세계가 그 내부에서 완결되는 독립적 생존의 질서를 가졌음을 강조한다. 이어서 "비밀을 털지" 말라는 부탁은 화자의 것인지 심해생물의 것인지 모호하다. 이 모호함은 이 독백이 독백이 아닌 군집의 권위를 갖는 듯하여 심해의 은밀함은 폭로하거나 해체해야 할 대상이 아니라, 보존하고 존중해야 할 질서로 여겨진다. "때론, 혼자이고 싶"다는 독백 또한 발화자의 모호함에 의해 심해라는 공간의 진술을 넘어, 인간 내면의 깊은 고독을 드러내는 고백으로 여겨지고, 나아가 자연의 은밀한 심연은 인간의 내면적 심연과 겹쳐지며, 서로의 거울이 된다.

지금까지 살펴본 바와 같이 「심해」는 빛이 닿지 않는 바다의 깊은 공간에서 살아가는 존재의 방식을 기록하면서, 동시에 인간 내면의 고독과 내밀함을 비추는 은유적 장치로 기능한다. 시인은 그 세계를 폭로하지 않고, 존중하며, 경건하게 응시한다.

지금까지 다룬 두 편의 시는 자연을 하나의 증언자로 불러내는데, 정영숙의 시선은 그 증언을 받아 적는 태도, 즉 공손함에서 비롯된다. 사소해 보이는 생명과 풍경을 존엄한 기록으로 남기는 일, 그것이 바로 이 시집의 출발

점이다. 그렇기에 『이제 숲은 점등을 시작한다』의 1부는 존재 앞에서 멈추고 듣고 기록하는 법, 곧 시간과 생명 앞에서 공손히 서는 방법을 독자에게 일깨워 준다.

3.
2부에서는 일상의 사소한 풍경 속에서 신비를 발견하고, 현실과 환상의 경계를 드나드는 체험을 보여준다. 시인이 응시하는 사건들은 하나같이 평범한 순간들이지만 시간을 매개로 하여 낯설고 새로운 차원으로 확장하는데, 그 과정에서 일상은 평범한 기록의 차원을 벗어나, 환상과 성찰이 교차하는 무대로 변모한다. 이처럼 2부는 일상이라는 틀을 통해 세계의 내밀한 차원을 열어 보인다.

> 똘망한 눈동자는 여시가 아니다
> 브이 라인 확실한 턱과 주둥이
> 웅크린 작은 몸
>
> 멀지 않은 숲에서 마실 나온 강아지처럼
> 자동차 불빛에 반짝이는 눈과
> 한참 동안 숨죽이고 대화를 나눴다
> 여우 꼬랑지가 풀밭에
> 그림을 그린다
>
> 크리스탈 호수위에 붉은 물감을 풀어 놓고
> 슬그머니 멀어져가는 노을과

붓칠한 여우 꼬리는 숲으로 멀어져 갔다
　　　　　　　　　　　　　　- 「여우를 보았다」 전문

「여우를 보았다」는 일상의 순간을 환상으로 바꿔내는 시적 전환의 방식을 잘 보여준다. 여우의 외양은 처음에는 세밀하게 묘사된다. "브이 라인 확실한 턱과 주둥이/ 웅크린 작은 몸"이라는 구체적 이미지 속에서 여우는 현실의 한 장면으로 다가온다. 그러나 곧 화자는 그것을 "강아지처럼"이라고 치환하며 경계선을 흔든다. 일련의 관찰에서 여우와 강아지, 야생과 가축 사이의 분명해야 할 구분은 점차 희미해지고, 이내 "자동차 불빛에 반짝이는 눈"을 통해서 인간 세계와 자연 세계의 빛을 동시에 반사한다. 화자는 "한참 동안 숨죽이고 대화를 나눴다"고 말하는데, 이 대화는 실제로 존재하지 않지만, 응시와 응시가 교차하는 순간이 마치 교감의 언어가 된 듯 묘사된다. 이어서 "여우 꼬랑지가 풀밭에/ 그림을 그리"면서 현실의 사건을 미학적 형상으로 끌어올린다. 이러한 화자의 미학적 시점의 관찰은 "붉은 물감을 풀어 놓"은 노을과 "붓칠한 여우 꼬리"가 겹치면서, 자연과 환영이 회화적 장면으로 완결된다. 이로써 여우는 결국 숲으로 사라지지만, 화자의 시선 속에서 그 흔적은 그림처럼 남는다. 이 시에서 화자는 환영과 현실을 오가며, 순간을 시간의 회화로 기록하는 태도를 보여주는데, 여우를 붙잡거나 해명하려 시도하지 않고, 다만 증언하듯 그 장면을 남긴다.

즉, 화자는 일상의 풍경에서 환상을 목격하는 순간을 기록한다. 화자가 본 여우는 뚜렷한 형체로 확정되지 않는다. "똘망한 눈동자"는 강아지 같기도 하고 숲의 그림자 같기도 하다. 이 모호함 속에서 화자는 여우의 눈빛과 "숨죽이고 대화"를 나눈다. 말이 아닌 응시의 교감이 현실과 환상의 경계를 흔들어 놓는다. 여우 꼬리가 풀밭에 남긴 흔적은 단순한 움직임이 아니라 숲에 새겨진 상징적 도상이 되고, 마지막에 노을과 꼬리가 겹쳐지면서 자연현상은 환상적 이미지로 변모한다. 현실 속 동물이면서 동시에 환영인 여우는, 시간을 통해서만 드러나는 존재의 이면을 상징한다.

  마른 멸치 한 포를 풀자
  은빛 바다가 파도를 타고 밀려온다

  새끼손가락보다 작은 물고기
  렌틸 콩알만 한 머리에 딸려 나온 내장
  까만 똥에 바짝 눌러붙어 보이지 않는
  위, 대장, 간, 쓸개와 그 밖의 장기를 상상하며
  등줄기에 실선처럼 가는 핏줄
  두근두근한 심장 소리가 들리는 듯

  작은 목숨들이 띠를 만들며
  깊고 푸른 긴 터널을
  좁쌀보다 작은 눈알 반짝이며
  生의 문장을 읽어 나갔을 거친 바다의 숨

똥, 똥, 소화 덜 된 똥 찌꺼기를
손으로 만진다, 비릿한 똥의 질감
멸치 똥만큼의 하루를 따면서

바다의 심장 속으로 유영하는
한 마리 작은 물고기를 꿈꾼다
-「멸치 똥을 따면서」 전문

「멸치 똥을 따면서」는 사소한 노동을 우주적 상상으로 전환한다. 멸치 한 포를 푸는 순간 "은빛 바다가 파도를 타고" 밀려오는 이미지는 노동과 풍경을 겹치게 한다. 시인은 멸치의 내장을 상상하며 "위, 대장, 간, 쓸개"와 같은 장기를 구체적으로 나열한다. 이 상상은 단순한 해부학적 호기심이 아니라, 작은 생명에 내재된 세계의 질서를 존중하는 태도로 읽힌다. "두근두근한 심장 소리가 들리는 듯"이라는 구절은 이미 죽은 멸치를 살아 있는 존재로 다시 불러내는 증언의 언어이다. 이어지는 장면에서는 작은 눈들이 반짝이며 "生의 문장을 읽어 나갔을 거친 바다의 숨"으로 확장된다. 멸치가 개체의 삶을 넘어 바다 전체의 호흡과 맞닿는 방식으로 재구성되는 것이다. 그러나 시는 환상에만 머물지 않는다. "똥, 똥"이라는 의성어와 "비릿한 똥의 질감" 같은 직접적인 감각 묘사는 환상과 현실을 동시에 붙잡는다. 결국 화자는 "멸치 똥만큼의 하루를 따면서"라는 문장에서 노동과 시간을 등가로 겹친다. 하루의 삶이 멸치 똥만큼 작아 보일 수 있으나, 그것은 바다의 심장과 연결된 시간의 일부라는 사실을 강조한다. 마지막에 "한 마리 작은 물고기를 꿈꾼다"는 대목은 노동을 넘어선 환상적 상상으로 이어진다. 현실적 촉각과 환상적 꿈이 교차하는 이 결말은, 노동조차 시간의 매개 속에서 신비로운 성찰로 변모할 수 있음을 드러낸다.

이번에 읽은 2부의 시는 서로 다른 대상을 다루지만, 공통적으로 사소한 일상이 시간 속에서 환상과 신비로 변모하는 과정을 보여준다. 여우와의 조우는 현실 속 환영의 경험으로, 멸치 손질은 노동에서 의례로 변환되는 경험으로 드러난다. 두 시에서 시간은 현실을 환상으로, 일상을 의례로 바꾸는 힘이다. 따라서 2부의 시들은 일상적 현실을 존엄한 증언으로 확장하는 과정을 보여주며, 시집 전체의 주제의식인 시간 앞의 경건한 태도를 또 다른 층위에서 드러낸다. 2부는 이렇게 일상의 순간을 환상과 신비로 확장하며, 현실과 허상이 서로를 드나들게 한다. 여우와 멸치라는 구체적 장면이 결국 시간의 매개를 통해 환영과 성찰로 변환되고, 일상의 사소함이 존엄한 기록으로 남는 순간, 시인은 시간 앞에서 다시 한번 겸허히 서게 된다.

4.
3부는 낯선 공간과 풍경을 통해 인간의 존재와 세계의

관계를 탐구한다. 시인은 이국적 장면과 장대한 바다의 풍광을 그리면서, 타자의 세계 속에서 인간이 마주하는 원초적 힘과 숭고한 한계를 드러낸다. 이 장에서 시간은 단순한 흐름이 아니라, 낯섦과 친숙함, 인간과 세계가 만나는 접점으로 기능한다. 이 과정에서 육체와 자연, 리듬과 시간은 하나의 무대로 결합한다.

> 야자나무 아래
> 남자가 춤을 춘다
> 태양의 배꼽을 사알짝 들어
> 뱅글뱅글 백스탭으로
> 원을 그리며 클라이맥스에
> 꼭짓점을 엄지발가락에 고정시키고
> 구릿빛 근육으로
> 완급을 조절하며
> 태평양 푸른 파도를 타듯,
> 날것의 무대는 완벽하다
>
> ― 「타우랑가-남자1」 전문

「타우랑가-남자1」은 신체의 원초적 움직임을 통해 세계와 시간을 연결한다. 시의 중심 도상은 원이다. "백스탭으로/ 원을 그리며"라는 구절은 춤의 동작을 반복과 회귀의 상징으로 전환한다. 원은 단절 없이 이어지는 궤적이며, "엄지 발가락에 고정"된 꼭짓점은 원의 정점과 인간 신체의 중심을 포개 놓는다. 이 순간 춤은 공간적 행위가 아니라 시간의 순환을 몸으로 드러내는 행위가 된다. 이어지는 "태양의 배꼽"이라는 이미지가 하늘의 중심을 끌어내리고, "태평양 푸른 파도"라는 거대한 리듬과 연결되면서, 춤의 리듬은 우주적 리듬과 합일한다. 춤추는 남자는 주인공이면서 동시에 매개자다. 그의 육체는 "완급을 조절"하는 박자로 세계의 흐름을 체현하며, 원운동의 회귀성과 파도의 주기성을 겹치게 한다. 따라서 이 장면은 단순한 공연이 아니라, 인간의 신체와 자연의 파동이 만나 하나의 제의적 시간을 만들어내는 사건으로 읽힌다.

> 울렁이는 바다
>
> 그을린 근육질이
> 질긴 노끈처럼
> 파도의 벽을 갈긴다
> 흔들대는 보트가 한 몸이다
>
> 물색 좋은 바다에
> 빛 튀김이 베일처럼 내려와
> 아른거리는 먼 바다로 떠내려간 남자가
> 끄스름으로 벗겨진 남은 태양을 안고
> 돌아오는 시간
>
> 바다는 고요한 어둠이다
>
> ―「남국의 바다」 전문

「남국의 바다」는 장대한 바다의 숭고 속에서 인간의 존재가 시험받는 장면을 그린다. 시는 "그을린 근육질"이라는 힘의 형상으로 시작한다. 남자의 몸은 "질긴 노끈처럼/ 파도의 벽을 갈"기며 거대한 힘과 맞서는 듯 보인다. 그러나 곧 "흔들대는 보트가 한 몸"이라는 진술이 등장하면서, 인간과 도구의 결합조차 바다의 거센 진동에 휘둘린다는 사실이 드러난다. 이어지는 "빛 튀김이 베일처럼 내려와"라는 표현은 숭고의 장막을 드리우며, 인간은 "아른거리는 먼 바다로 떠내려간다." 이는 의지적 항해가 아니라, 경계가 해체되어 바다의 심연으로 흡수되는 체험이다. "끄스름으로 벗겨진 남은 태양"은 소멸 직전의 잔광을 상징하며, 인간의 힘은 빛의 마지막 흔적으로 환원된다. 결국 "돌아오는 시간"은 승리의 귀환이 아니라, "바다는 고요한 어둠이다"라는 결말 속에서 숭고 앞에 귀속되는 경험으로 마무리된다. 인간의 힘은 숭고의 차원에 삼켜지고, 남는 것은 고요와 어둠이라는 시간의 침잠이다.

　3부에서는 낯선 세계 속에서 인간이 시간을 체험하는 방식을 대조적으로 보여주지만, 공통적으로 낯선 풍경이 신체와 세계의 관계를 새롭게 열어 준다는 점을 드러낸다. 「타우랑가-남자1」에서 춤의 원운동은 신체가 우주적 리듬과 합일하는 체험으로 나타나고, 「남국의 바다」에서는 육체적 힘이 바다의 숭고 앞에서 해체되는 체험으로 나타난다. 전자는 신체의 원운동과 파도의 주기가 공명하는 순간, 후자는 힘과 숭고의 충돌이 어둠으로 귀결되는 순간을 기록한다. 결국 두 시 모두 시간의 다른 얼굴을 드러낸다. 즉, 모두 신체의 경험을 통해 시간을 감각하는 방식에 주목하는 것이다. 하나는 반복과 리듬의 박자를 통해, 다른 하나는 소멸과 귀속의 침잠을 통해 시간을 살아낸다. 춤은 순환과 반복의 시간으로, 바다는 소멸과 침잠의 시간으로 제시된다. 시인은 이를 설명이 아닌 이미지와 질감의 언어로 기록하며, 낯선 풍경을 시간 인식의 변형을 가능하게 하는 장으로 세운다. 『이제 숲은 점등을 시작한다』 3부는 이처럼 타자적 세계의 인간이 시간 앞에서 어떻게 존재할 수 있는지, 그리고 그 시간 속에서 어떤 태도를 취해야 하는지를 탐문한다.

5.

4부는 기억과 추억을 통해 인간 존재와 공동체의 의미를 다시 묻는다. 시인은 사라진 시절과 인물을 호명하며, 그것을 단절된 과거가 아니라 현재와 이어지는 힘으로 소환한다. 이 장에서 시간은 단순히 흐른 것이 아니라, 과거와 현재를 매개하여 미래를 구성하는 토대가 된다. 시간은 과거의 풍경을 단순히 되살리는 데서 그치지 않고, 현재와 이어져 삶의 의미를 새롭게 환기하는 것이다.

아이들이 그네를 타거나
모래 장난을 하며 놉니다

네 살 오빠가 두 살 동생 손을 잡고
형아들을 따라
삼학도로 도마뱀 잡으러 갔다네요
작은 발로 얼마나 멀리 갔는지요
저물녘에야 새까맣게 돌아왔죠
아이는 해맑은 얼굴로
"형아들이 도마뱀 잡으러" 할 뿐
설명할 줄 모릅니다
동생 손은 놓지 않고 데리고 온 기특함이
얼마나 감사하던지요
녀석은 종종 네 살 아이가 됩니다
무릎을 베개 삼아 귀를 만져 주면
순한 양이 되어 눈 코 입이 조각처럼 빛이 났죠
어릿광을 피우고 싶은 거죠

가끔은 별이 되어서
형아들 틈에 끼어 모래 언덕을 오르고
그네를 타면서 해 저물 때까지
도마뱀을 쫓아다닙니다

놀이터가 너무 작아 보입니다
녀석의 놀이터는 점점 자라서
높이높이 올라갔거든요

- 「놀이터」 전문

「놀이터」는 어린 시절의 형제애와 순수한 놀이를 회고하며, 공동체적 삶의 의미를 일깨운다. 시의 첫머리에서 아이는 "형아들을 따라" 먼 곳까지 모험을 떠난다. 아이는 경험을 설명할 언어를 갖지 못했지만, "동생 손은 놓지 않고 데리고 온 기특함"을 통해 공동체적 책임감을 보여준다. 놀이의 순간이 단순한 즐거움이 아니라, 타인을 배려하고 함께 존재하는 법을 배우는 의례적 체험으로 제시되는 것이다. 이어지는 장면에서 아이는 "무릎을 베개 삼아 귀를 만져 주면/ 순한 양이 되어" 빛나는 얼굴을 드러낸다. 이 장면은 순수한 어린 생명의 내적 빛을 묘사하면서, 인간 존재의 존엄이 관계 속에서 드러난다는 사실을 강조한다. 후반부에서 아이는 "가끔은 별이 되어서" 하늘의 존재로 겹쳐지고, 놀이가 환상적 차원으로 확장된다. 놀이터는 현실의 공간이면서 동시에 상상의 무대로 변하며, 그 안에서 시간은 과거의 추억과 현재의 회상을 교차시킨다. 결말에서 "놀이터가 너무 작아 보인다"는 구절은 아이의 성장과 함께 추억의 공간이 협소해졌음을 드러내지만, 그 협소함은 곧 과거의 놀이가 미래로 확장되었음을 역설한다. 이 시는 결국 놀이를 통해 배운 공동체적 삶과 순수한 기억이 현재를 살아가는 힘으로 남음을 증언한다.

  미군을 따라 태평양 건너갔다는데

감나무 아래 풋감 하나 베어 물고
고약한 놈의 인기척에 목구멍이
뻑뻑하게 매어오던 눈물범벅인

가난하고 비루했던 명자언니

가난이 죄가 되어
명자꽃 피기도 전에
서울로 갔다는데
다시 볼 수 없었으니

낯설고 무서운 코쟁이 하나 믿고
떠난 후론 명자꽃이 몇십 번
피고 졌는지 몰라

이제는 하얀 명자꽃이 머리에
함박만하게 피었을 텐데
초복이면 색색으로 피어나는
명자꽃을 보면 메주 같은 언니가 생각난다
　　　　　　　　　　　　　　－「명자꽃」전문

　「명자꽃」은 가난과 이주, 여성의 삶을 기억 속에서 불러내는 서사적 시편이다. 화자는 "가난이 죄가 되어/ 명자꽃 피기도 전에" 타지로 떠난 명자 언니를 회고한다. 명자꽃의 개화 시기가 삶의 성숙과 겹쳐지면서, 피지 못한 청춘과 단절된 생애의 상처가 드러난다. "코쟁이 하나 믿고 떠난 후"라는 구절은 시대적 맥락 속에서 여성의 삶이 놓였던 불안정한 조건을 보여준다. 그러나 이 회고는 단순한 한 인물의 상실을 넘어, 공동체의 기억으로 자리한다. 명자꽃이 "몇십 번 피고 졌"다는 진술은 시간의 반복을 드러내며, 그 반복 속에서 기억은 사라지지 않고 끊임없이 현재로 소환된다. "이제는 하얀 명자꽃이 머리에 / 함박만하게 피었을 텐데"라는 구절은 세월이 흘러도 잊히지 않는 상실의 지속성을 드러내고, 동시에 삶의 존엄을 애도하는 행위가 된다. 마지막에 "메주 같은 언니"를 떠올리는 장면은 고단했던 과거를 인정하면서도, 그 존재를 따뜻한 애정으로 불러내는 시적 제스처다. 이 작품은 기억을 단순한 회상이 아니라, 세대의 상처와 여성적 삶의 존엄을 증언하는 기록으로 전환한다.

이렇게 살펴본 바와 같이 4부는 형제의 개인적이고 윤리적인 기억이나 이주의 상처와 같은 전혀 다른 내용의 기억들을 다루지만, 공통적으로 기억이 현재와 이어지는 힘을 보여준다. 이렇게 개인과 공동체의 기억을 소환하면서, 그것이 단절된 과거가 아니라 현재를 지탱하고 미래를 여는 힘임을 드러낸다. 「놀이터」에서는 어린 시절 놀이와 형제애가 인간의 순수한 관계성과 공동체적 삶의 토대를 증언하고, 「명자꽃」에서는 가난과 이주의 서사를 기억함으로써 세대와 공동체의 상처를 현재로 불러낸다. 시인은 기억을 통해 존재의 의미를 되묻고, 그것을 경건히 기록한다. 그 결과 4부는 과거와 현재, 개인과 공동체의 기억을 매개로 시간의 연속성을 드러내는 장으로 자리한다. 과거를 회상하는 동시에, 그 회상이 현재와 미래의 삶을 지탱하는 힘임을 보여주는 이러한 시인의 태도는 시집 전체의 주제의식, 곧 시간을 경건히 응시하고 증언하는 태도와 맞닿는다.

6.

지금까지 살펴본 바와 같이 『이제 숲은 점등을 시작한다』는 네 개의 장을 통해 자연, 일상, 낯선 풍경, 그리고 기억을 차례로 탐구한다. 1부에서 시인은 작은 생명과 자연의 심연을 증언자로 세우며 생명의 경이와 고독을 기록하는데, 그럼으로써 자연의 생명과 감각을 경건히 응시하며, 작은 존재와 심연의 세계를 존엄한 증언으로 불러낸다. 2부에서는 일상의 사소한 풍경 속에서 환상과 신비를 발견하며, 현실과 허상이 시간을 매개로 서로를 드나들게 한다. 앞에서 다룬 두 편의 시에서는 이를 여우의 환영과 멸치의 내장을 통해 일상과 환상이 연결되고, 현실의 사소한 풍경조차 시간 속에서 신비를 품게 되는 과정을 관찰하는 형태로 드러냈다. 3부에서는 낯선 문화와 풍경, 이를테면 이국의 춤과 남국의 바다를 통해 낯선 세계와 인간 존재의 관계가 드러난다. 시간은 타자적 세계와 인간을 이어 주는 매개가 되어, 존재의 나약함과 숭고함을 동시에 인식하게 한다. 4부에서는 놀이터의 기억과 명자꽃의 서사를 호출하는 것과 같은 방식으로 추억과 기억을 통해 개인과 공동체의 과거를 현재와 연결하는데, 개인과 공동체의 과거가 다시 소환됨으로써 기억은 단절된 과거가 아니라 현재와 미래를 구성하는 힘으로 작동한다.

이렇듯 각 장은 생명, 일상, 타자적 세계, 기억이라는 층위를 통해 시간을 다르게 체험하고 사유하게 한다. 시간은 생명의 질서를 드러내고, 일상에 신비를 부여하며, 낯선 세계와의 관계를 열어 주고, 기억을 통해 공동체를 이어 준다. 이러한 과정을 통해 시집 전체가 드러내는 주제는 분명해진다. 자연의 생명은 시간을 품고 생의 존엄을 증언하며, 일상의 풍경은 시간을 통해 환상과 신비로 변모한다. 낯선 풍경 속에서 시간은 타자와의 소통을 가능하게 하고, 기억은 시간을 따라 과거와 현재를 이어준다. 이처럼 『이제 숲은 점등을 시작한다』는 자연과 인간, 실제와 허상을 모두 시간이라는 축으로 엮어낸다. 따라서 시인은 시간 앞에서 함부로 단정하거나 소유하려 하지 않고, 경청하고 증언하며, 경건한 태도로 서 있게 된다. 결국 이 시집은 시간에 대한 공손한 응시를 통해 존재와 세계를 다시 사유하도록 이끄는 하나의 기록이자 길잡이라 할 수 있다.

무엇보다 이 시집의 의의는, 시인이 개별적 체험을 기록하는 데 그치지 않고 자연·세계·공동체와의 관계 속에서 시간의 총체적 의미를 탐구했다는 점이다. 시 속에서 직박구리와 목련, 멸치 똥이나 여우, 남국의 바다와 명자꽃은 단순한 소재가 아니라, 시간을 매개로 인간과 세계가 서로의 존재를 증언하는 장치로 기능한다. 이는 곧 시적 상상력이 시간과 존재의 경계에서 발휘되는 방식을 보여주며, 독자에게 시간의 새로운 감각을 체득하게 한다.

 따라서 『이제 숲은 점등을 시작한다』는 개별적인 서정시집을 넘어, 시간의 윤리와 미학을 동시에 사유한 성취라 할 수 있다. 시인은 작은 생명의 기록에서부터 이국의 장대한 풍광, 공동체적 기억에 이르기까지 시간의 다양한 얼굴을 드러내며, 그 모든 순간을 경건한 증언으로 길어 올린다. 이러한 태도는 오늘날 빠른 속도로 소모되는 시간 감각에 대한 비판적 대안이자, 우리가 다시금 존재와 세계를 바라보는 방식을 환기하는 힘을 가진다. 결국 이 시집은 시간과 존재를 잇는 시적 사유의 귀중한 증언록으로 평가할 수 있을 것이다.